Sé un Árbol Fuerte y Alto

Jonathan Savage

Hog Press
sello de Culicidae Press
PO Box 5069
Madison, WI 53705-5069
USA
hogpress.com
editor@hogpress.com
+1 (352) 388-3848
+1 (515) 462-0278

Sé un Árbol Fuerte y Alto
2023 © Jonathan Savage

ISBN: 978-1-941892-73-2

Nuestros libros se pueden comprar al por mayor para uso promocional, educativo o comercial. Póngase en contacto con su librería local o con el Departamento de Ventas de Hog Press en el +1-515-462-0278 o envíenos un correo electrónico a sales@hogpress.com

x.com/culicidaepress - facebook.com/culicidaepress

Diseño y maquetación del libro por polytekton ©2023, basado en un diseño de Lisa Hovis.

TODAS LAS FOTOGRAFÍAS SON DE LA AUTORA.

Para mis preciosas hijas
Whitney, Lesley y Jordan,
sus maridos e hijos,
mis sobrinos y sobrinas,
y sus familias.

Les pido que siempre vivan fuertes, se mantengan erguidos, sean felices y estén bien,
seáis productivos, permanezcáis alerta (tanto para las acciones negativas como para las
positivas), que seáis humilde y habitualmente compasivos con TODOS los demás,
que seáis impecable en palabras y escritura, y creáis y practiquéis el mensaje de este
pequeño libro
que Dios me dio la oportunidad de reunir para ti.
Siempre te he amado
más de lo que amo mi propia vida (que es mucho).

Con todo respeto y amor para ti,

Papá, Suegro,
Abuelo (Aapah), y Tío

Octubre 2023

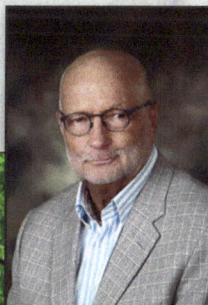

Veo a todos nosotros como árboles
plantados por
la mano de Dios Padre,
Quien es nuestro Creador, Padre y
Fuente de vida.

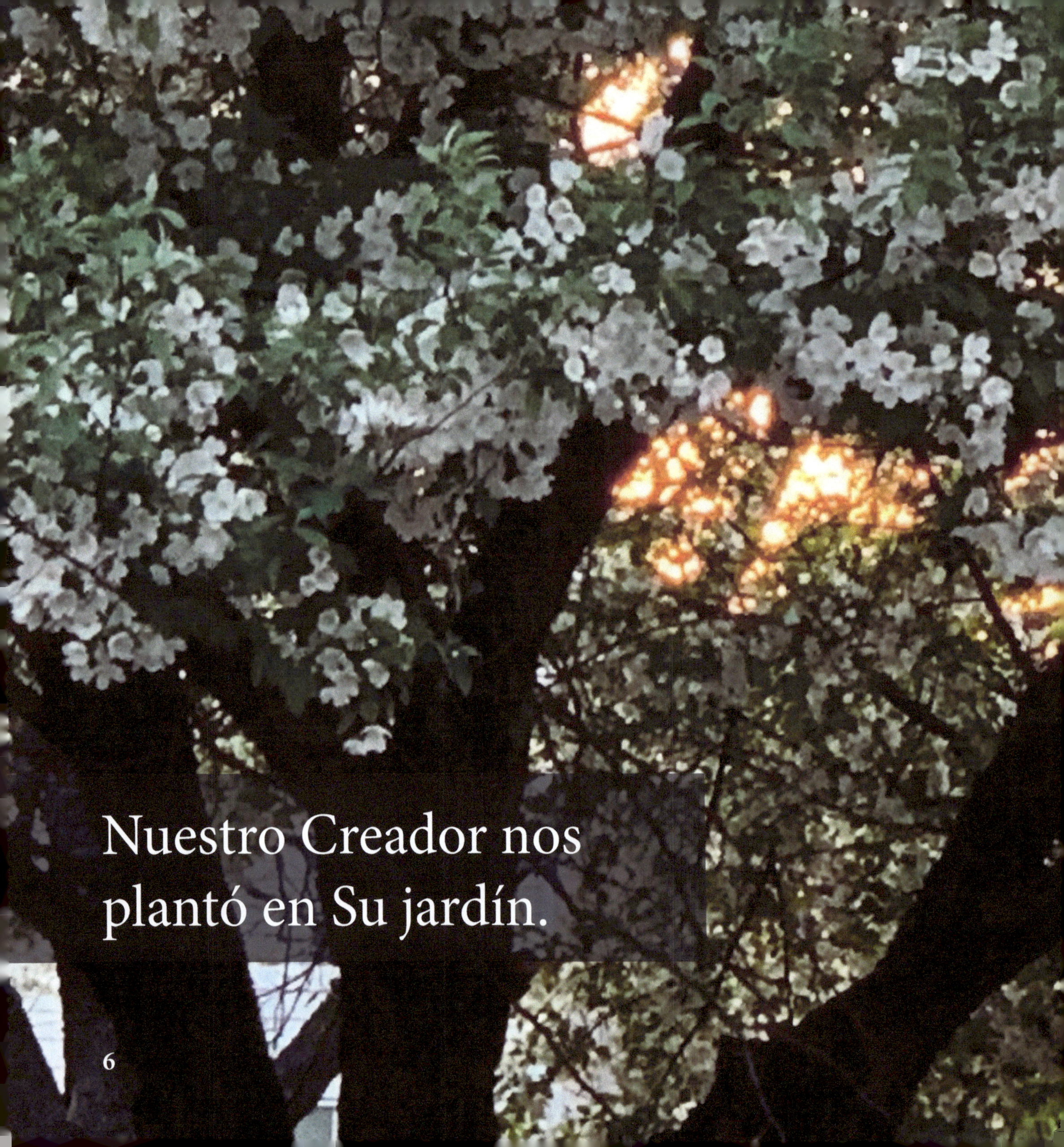

Nuestro Creador nos
plantó en Su jardín.

Todos somos árboles: fuertes, altos,
productivos, visibles y plantados
por corrientes de agua. Y, gracias
del amor sacrificial de Jesucristo
al morir en la cruz por nuestros pecados
(una forma única, horrible y lenta de ser
hecho sufrir y finalmente morir),
y nuestra aceptación y creencia en
Jesucristo resucitado como nuestro Señor
y Salvador, Dios el Espíritu Santo es
nuestra corriente de Agua Viva, que fluye
a través de nosotros a —

Saciar nuestra sed,
Nutrir nuestro cuerpo,
Revivir nuestra alma, y
Darnos sabiduría y
dirección.

9

"Bienaventurado el hombre que no sigue el consejo de los impíos, ni se detiene en el camino de los pecadores, ni se sienta en la silla de los escarnecedores. Sino que en la ley del Señor está su delicia, y en su ley medita de día y de noche. Y será como árbol plantado junto a corrientes de aguas, que da su fruto en su tiempo, y su hoja no se marchita; y todo lo que hace prosperará. Los impíos no son así, sino que son como la paja que ahuyenta el viento. Por tanto, no estarán los impíos en el juicio, ni los pecadores en la congregación de los justos. Porque Jehová conoce el camino de los justos; mas el camino de los impíos perecerá." Salmos 1:1-6 Biblia King James

"Si alguno tiene sed, que venga a Mí y beba".
San Juan 7:37 Biblia King James

"Yo soy la vid, vosotros los sarmientos: El que permanece en Mí, y Yo en él, ése da mucho fruto; porque sin Mí nada podéis hacer."
San Juan 15:5 Biblia King James

"Así dice el Señor: Maldito el hombre que confía en el hombre, y hace de la carne su brazo, y cuyo corazón se aparta del Señor. Porque será como brezo en el desierto, y no verá cuando viene el bien; sino que habitará en lugares resecos en el desierto, en tierra salada y no habitada. Bienaventurado el hombre que confía en el Señor, y cuya esperanza es el Señor. Porque será como un árbol plantado junto a las aguas, que extiende sus raíces junto al río, y no verá cuando venga el calor, sino que su hoja estará verde, y no tendrá cuidado en el año de sequía, ni dejará de dar fruto."
Jeremías 17:5-8 Biblia King James

Sólo extendiendo tus
raíces para beber el Agua Viva,
que el Agua Viva
simboliza nuestra constante
y deliberada relación
con el Dios Trino, siendo
Dios Padre, Dios Hijo
(Jesucristo), y Dios el
Espíritu Santo, ¿alguna vez
encontrarás ...

verdad, sabiduría, perfecta instrucción, felicidad profunda y duradera, y lo más importante — vida eterna.

"Porque de tal manera amó Dios al mundo, que ha dado a su Hijo unigénito, para que todo el que cree en Él no se pierda, sino que tenga vida eterna".

San Juan 3:16

"Y la paz de Dios, que sobrepuja todo entendimiento, guardara vuestros corazones y vuestros entendimientos en Cristo Jesús" Filipenses 4:17

"Dios es nuestro refugio y fortaleza, ayuda en la angustia".
Salmos 46:1

Siempre me han gustado los árboles,
y solía hacer dibujos de ellos cuando era pequeño,
y los enmarcaba para mis padres y abuelos.

Cuando crecí, vi los árboles como un símbolo
de mi relación con Dios.
Aquí trato de compartir contigo
Una analogía de mi vida
Como un árbol creado por, cuidado por y viviendo para
Dios Padre, Dios Hijo (Jesucristo),
Y Dios Espíritu Santo.

Jonathan Savage

www.ingramcontent.com/pod-product-compliance
Lightning Source LLC
Chambersburg PA
CBHW041429090426
42741CB00003B/102